美术特色教学 作品集

素描 色彩 速写 创作 设计

葛金胜 编著

北京市京源学校

文化艺术出版社
Culture and Art Publishing House

图书在版编目（CIP）数据

美术特色教学作品集／葛金胜编著.—北京：文化艺术出版社，2007.9
ISBN 978-7-5039-3395-0

Ⅰ．美…　Ⅱ．葛…　Ⅲ．美术课－教学研究－中学　Ⅳ．G633.955.2

中国版本图书馆 CIP 数据核字(2007)第 137345 号

美术特色教学作品集

编　　著	葛金胜
责任编辑	陶　玮
出版发行	文化艺术出版社
地　　址	北京市朝阳区惠新北里甲 1 号　100029
网　　址	www.whyscbs.com
电子邮箱	whysbooks@263.net
电　　话	（010）64813345　64813346(总编室)
	（010）64813384　64813385(发行部)
经　　销	全国新华书店
印　　刷	北京鑫益晖印刷有限公司
版　　次	2007 年 9 月第 1 版
	2007 年 9 月第 1 次印刷
开　　本	635×965 毫米　1/8
印　　张	22
印　　数	1-3000 册
书　　号	ISBN 978-7-5039-3395-0/J·883
定　　价	68.00 元

目录

创造适合孩子的教育

看着眼前这本沉甸甸的书稿,我的心情是何等的激动!这是京源学校十年美术教育的结晶,是以葛金胜为代表的教师们的心血,是同学们学习创造的果实,是我们创造适合孩子教育的佐证。

1997年春天,在京源学校的校园里我们创办了金帆书画院。那时京源学校刚刚建校不到一周年,我们正在努力寻找一条与众不同的学校发展之路。什么是教育?什么样的学校是一所好学校?我们在不断地追问自己。

当时,我们看到一种现象,许多孩子在小学时期琴棋书画爱好广泛,但上了中学以后这些爱好很快就销声匿迹,淹没在应试教育的海洋里了。一些执着地坚守着自己爱好并希望从爱好走向专业的孩子,高考时顾此失彼,狼狈不堪。我们的中等教育没有给孩子们铺设一条通往高等艺术教育殿堂的道路。同时我们又看到随着社会的进步和物质文化生活水平的提高,人们追求美、享受美的需要与日俱增,城市景观、环境艺术、园林设计、工业产品造型、建筑、服装、广告、宣传、影视及舞台美术、家装设计等等需要大量具有美术专长和艺术创造力的人才。

这种矛盾现象让我们下定决心,创造一种适合美术特长生发展的教育模式:坚持文化素质与专业特长并重,系统全面的基本功训练与艺术创新思维培养并举,造就适应时代发展需要的美术专业人才。为此我们设计了一整套美术特长教育的课程方案,从初一到高三每个年级都开设了美术特长教育实验班。十年的办学实践证明,我们的路子走对了。自从2003年京源学校第一届美术特长生(97年初中入学的学生)参加高考至今,已连续五年实现了"双百",即毕业生100%取得高校美术专业合格证,100%升入大学本科.京源学校毕业的美术特长生遍及中央美术学院、清华大学美术学院、中国人民大学、中国传媒大学、北京电影学院、北京服装学院等几十所美术及需要以美术特长为基础的大学及其相关院系。今天我们把京源学校此前历届美术特长生在校学习期间的优秀习作集结成这本书稿,以记录孩子们的学习和老师们的教学历程,并以此求得教育界同仁和社会各方面的指正。

什么是教育?教育是使人获得终身发展和一生幸福的动力源。

什么样的学校是一所好学校?一所好学校应该能够挖掘出蕴藏在孩子们身上的发展潜质,并使这种潜质发展成为他的专长。好学校要能创造出适合孩子发展的教育。

在这本书稿即将出版之际,京源学校培养的第一届美术特长生大学毕业了,他们一个个踌躇满志地向母校的老师们描述着他们美好的前程,其中的孙毅同学从中央民族大学美术系毕业后回到母校成了一名美术老师。

当我们拿到这本散发着墨香的画册时,2007届31名美术实验班的孩子们又从京源学校出发,满怀着对未来的美好憧憬,步入了各自理想的艺术学习与创造的圣殿。

这本书稿是京源学校艺术教育的一座里程碑和路标,它告诉我们过去它走了多远,未来它会走向哪里!

北京市京源学校校长:白宏宽

2007年8月6日

北京市京源学校美术特色教育

为了给有美术爱好和天分的孩子创设良好的美术学习环境，为了提高学校的艺术教育水平，1997年，经努力争取，市教委将学生美术学习社团—北京市金帆书画院石景山分院设在了京源学校。至今我们的美术特色教育已有十年，学校已形成初一至高三六个年级每个年级开设一个美术特长班的完整教学体系。目前，历届高中美术特长生美术专业合格率和大学本科录取率保持近百分之百，为中央美术学院、清华大学美术学院、北京电影学院、中国传媒大学、中国人民大学、苏州大学、东华大学、江南大学等近五十所高校输送了大批优秀美术专业人才；具有京源学校特色的美术特长生培养模式已经形成；学校金帆书画院已成为北京市重要的美术教育试验基地。

一、培养目标

美术教育在提高人的整体素质方面有其他学科不可替代的作用。基于美术学科所具有的教育功能，依据高校选拔人才和学生未来从事美术职业发展的要求，我们明确了培养美术特长生的目标：通过美术教学，向学生传授美术基础知识，培养基本技能；提高学生观察能力、想象能力、形象思维能力和创造能力；培养丰富的艺术情感，提高学生的审美情趣，促进个性发展和潜能发挥；培养"有尊严，有修养，会学习，会生活"的新型美术人才。

二、教学内容

教学内容的展开要紧紧围绕教育目标。在各年级的课程设置上，既遵循美术学科自身固有的规律性、系统性、科学性，参考高等艺术院校美术人才所需的智能结构，又结合我校生源特点，各个年龄阶段生理和心理的特点、接受能力和理解水平的要求，让教学内容具有层进效果，针对性强。课程的设置形成了一个整体的育人体系，既是高考美术必备的课程，又从提高学生综合素质与能力方面出发，科学合理地分配到六年的学习过程中。

课程设置分为两大块：文化课程，美术课程。其中文化课执行国家制定的教学大纲。美术课包括专业课程和课外艺术活动。

美术专业课程以素描、色彩、速写、创作、设计为主，兼顾其他美术门类。美术教学根据初中阶段和高中阶段不同教授对象，具体实施如下：

初一：以静物素描为主，学习平行、成角、低俯倾斜、高仰倾斜、平视倾斜等透视知识；学会用线表现物体的结构；初步了解人体结构知识，能进行人物速写；掌握黑白灰图案知识。

初二：进一步学习静物素描，学会用明暗调子表现形体；掌握固有色、条件色的知识，尝试水粉画静物和风景写生；学习人物、场面、风景速写；学习色彩图案知识。

初三：学习用线和明暗调子表现石膏像；进一步强化色彩静物和风景写生；进一步强化人物、场面、风景速写；学习装饰画的知识。

高一：初步掌握人像素描的绘画规律，学习头像写生；学习复杂、长时间的室内色彩静物写生，深入进行室外风景写生；学习用线、线面结合、及明暗表现的各种速写表达方式；学习平面设计的知识。

高二：进一步强化人像素描练习；除了深入练习静物、风景色彩写生外，初步掌握用色彩表达人像的绘画规律；熟练掌握和运用各种手法的速写练习；进一步学习图案、装饰画、平面设计等知识。

高三：在熟练掌握头像素描基础上，学习素描半身像和素描创作；在熟练掌握色彩静物、风景、人像的基础上学习各种色彩创作知识；在熟练掌握速写写生基础上学习默画速写知识；在熟练掌握基础图案、装饰画、平面设计的基础上学习立体设计知识。

美术特长生除了学习以素描、色彩、速写、创作、设计为主的美术专业课程外，其他美术门类和中外美术理论、欣赏课程也始终贯穿六年的学习过程中。

课外艺术活动，旨在补充和拓展专业领域。丰富多样的课外艺术活动也是学校的一大特色，如参观艺术场馆、开展学术讲座、进行国内国际交流、举办特色画展、参加各种竞赛等，既拓宽了学生的视野又起到了课堂教学不可取代的作用。学校专门建立的陶艺教室，学生可以进行陶艺和雕塑的实践，培养学生动手实践能力和立体思维能力。

总之，所有课程的设置必不缺少而又互为补充，有力促进了学生全面发展。

三、实施美术教育的作法

针对所制定的课程，在实施中学校遵循美术学科所独有的直观性、实践性、创造性、审美性及统一要求与因材施教相结合等原则，在具体教学上采取适合本校特点的丰富有效的教学形式、方法。

1.文专并重：美术特长生全面发展，综合素质高。学校在课时安排上合理分配，在文化课教师配备方面也有所倾向，使得特长生文化、专业全面发展，互相促进。初中阶段每周保证学生八课时的美术专业学习时间（包括课外活动）；高中阶段每周保证十二课时的美术专业学习时间（包括课外活动）；高三阶段在全国艺术院校美术专业考试前连续集训两个月绘画。

2.精讲善练：教师在知识的传授和示范方面精而适当，抓重点难点，使学生掌握要领。课上主要是以学生为主体的实践活动，在练习中发现和解决问题，在量的积累中掌握绘画技能和技巧。

3.善于激发学生的兴趣：有趣的学习内容和教学方法能激发学生对美术学习的喜爱之情，课堂上"教"要紧扣学生的需要，"学"要有趣快乐，每次作业的展评和阶段性的画展可以使学生在收获中更加自信，充分激发学生主动学习的欲望。

4.引导学生进行自主创造：艺术的根本在于创造，美术作品具有的多元化和多样性决定了作品虽然有一定"好"的标准，但却有不同"好"的表达形式，鼓励大胆创新，尊重个性发展，联想和想象可令学生插上创造的双翅。

5.因材施教：面向全体又要照顾学生年龄、个人特点和美术能力的差异，因势利导，扬长避短，分类提高，不让一个孩子掉队。

6.寓教于美：把审美教育融汇于教学的各个方面，贯穿教学的全过程，引导学生在实践中领悟作品真善美的统一，培养学生发现美、感受美、创造美、表现美的能力。

7.恰当地使用媒体：信息技术与教学整合，运用现代化教学手段直观教学，通过各种信息渠道开阔学生眼界。

8.善于拓展，学以致用：课堂上强调统一练习的实效性，课下鼓励学生善于观察生活，积累素材，把所学的知识能动性地应用于各种艺术实践活动中。

四、教师德才兼备

教师在明确培养目标、教学内容和实施方法的同时，也重视学生学业以及课程本身的评价，在评价中不断反思，来调整和改进教学，因此保证了历年近百分之百的高考入学率。

教师为孩子终身发展和一生幸福而进行的工作，也使得培养出的美术人才在进入高校或走上社会中品行兼优，后劲十足，不少学生在高校中被保送研究生或出国深造，许多学生都在自己的专业领域中成为佼佼者。

不断课改，不断创新是成就课程的核心，美术专业教师们注重不断改变教学观念和尝试实践和创新，注重教学钻研和自身业务的提高，加强经验积累和学术交流，在自我完善中教学相长。学校还充分利用北京作为全国艺术中心的便利条件，经常请中央美术学院、清华大学美术学院等高校教师来校提出教学建议并兼任学科教学，加强了教学上的纵向联系和建立起与高校相适应的人才输送制度。中国美协主席靳尚谊、副主席刘大为、原清华大学美术学院院长常沙娜等先后来校参观并指导工作，肯定了我校办美术特色教学的方向。学校开展美术特色教学之初便制定了《北京金帆书画院石景山分院章程》，采取了三项保证措施：师资保证、空间保证、资金保证。特别是学校专门建起的艺术综合楼和美术专业画室是办好教学的基础。

总之，京源学校作为一所优质学校，注重先进的教学理念和实践创新；注重文化课和专业课的双优并重；注重渐进的、扎实的育人模式；注重以特长生为龙头，带动学校其他美育工作；注重开发一流的教学设施和创设艺术氛围；注重建设高水平的师资队伍和充分利用地处北京的便利资源；注重健全管理制度和考核评价。努力走出与时代相适应的美术特色教育之路。

此次学生作品的结集出版，包括素描、色彩、速写、创作、设计五部分。这近四百幅精选出的作品，是十多年来历届学生们的智慧结晶、也是学校美术特色教学的侧面反映，更是对于在校师生们的莫大激励。

编　者
2007 年 8 月

靳尚谊先生为学校题词　　　　刘大为先生为学校题词

素描

石膏几何形体和静物素描写生

石膏几何形体作为最简单的造型手段之一，在素描基础训练的最初阶段极其关键，这个课程的重点是让学生掌握比例、透视、结构等造型要素和黑白灰明暗变化规律，学习几何形体还能帮助学生提高对复杂形体归纳、提炼、概括的造型能力，建立起三维的空间概念。

归类、比较、分析可以更直观更清晰地认识几何形体，教学中可以把石膏几何形体分为以下几类：六面体的正方体和长方体；球体及切割出的正五边形多面体和正三角形多面体；圆锥体及切割出的四棱锥和六棱锥；圆柱体及切割出的六棱柱和八棱柱；由两个形体组合而成的复合形体。

采取以线为主的结构素描画法可以通过线条的粗细、虚实、刚柔以及转折等较好地表现几何形体的形体结构，尽可能排除和减少光影因素的影响，"实实在在"地提高学生从结构组合关系上塑造形体的能力。

几何形体表面看上去"简单"，学生易流于机械和程式地绘画，为此采取的勤变化、多形式的直观教学手段是必要的，如让学生自己动手用铁丝制作几何形体的轮廓来加深理解；用速写的方法从多角度画形体透视；电脑直观演示形体的分解、组合变化规律等都能激发学习兴趣和增强对形体的认识。

从"整体到局部再到整体"的素描观察方法以及正确的写生步骤，在这一学习素描最初阶段的养成是极其重要的，为以后复杂素描的学习打下基础。

静物可以看作是复杂化了的几何形体，有的直接可以用最基本的六面体、圆柱体、圆锥体和球体概括，更多是用几何基本形体和组合形体的观念去观察、概括、表现所画对象，只要首先抓住了对象形体结构中最基本的几何形及其组合关系就能够把握住静物形体的特征和整体关系。

静物写生中结构素描和调子素描的有机结合很有必要，特别是调子素描能够使学生在把握好形体比例、透视、结构关系的基础上，进一步表现物体的质量感、空间感、立体感和光感等诸种绘画因素。

静物素描练习中选择不同的观察视点有利于全方位认知形体。如俯视、平视、仰视，顺光、逆光的绘画角度不同都能产生不同的画面效果。

构图也能决定绘画的成败。学习运用形式美的法则处理构图是基础，在此基础上要鼓励学生大胆反叛视觉习惯而进行创造性地、个性化地构图尝试。

长期、中期、短期静物素描练习以及速写作业的有机结合，有助于培养学生素描中的深入刻画和高度概括的能力，也就是画素描的"慢功"和"快功"。

"室内一角"的写生可以培养学生把握大空间、大对象及大画面的能力，是较综合的、总结性的静物素描练习方式。

结构素描静物

素描石膏几何形体

结构素描静物

结构素描静物

调子素描静物

4

素描静物

素描静物

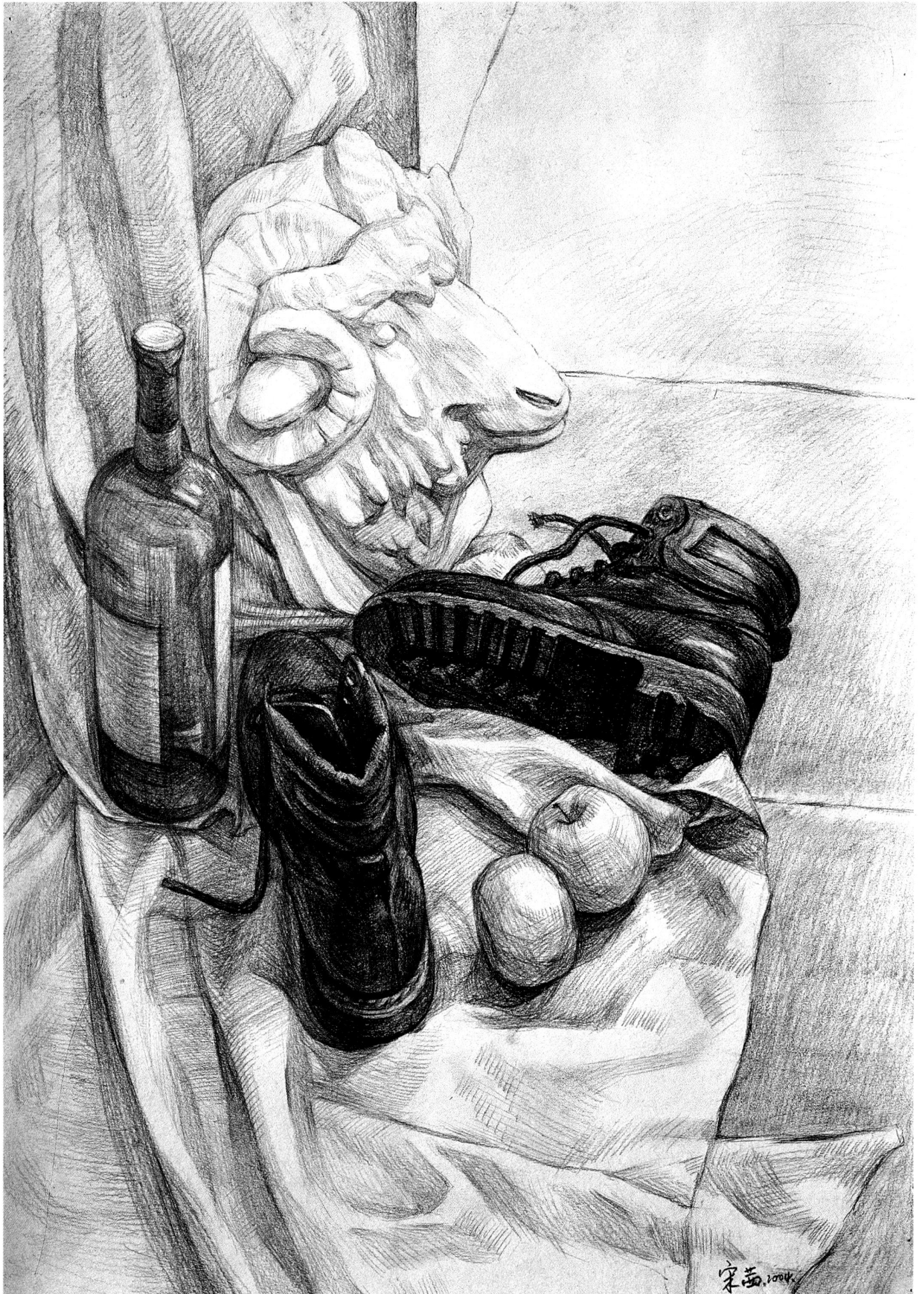

素描静物

素描静物

石膏像素描写生

　　石膏像素描写生是素描教学中基本功训练的重要方面，同时也是从静物到人像的过渡性素描练习。

　　石膏像形象典型，大都是古今中外优秀的雕塑艺术品，在形与神的刻画上都是精品，所以要引导学生用"以形写神"的观念去观察、分析、表现石膏像。石膏像处于静止状态，色质单纯，可以在固定光源下不受时间所限从容地分析研究，反复地推敲修正，是素描教学的好道具。但是静态的石膏像也容易因长期地描摹、死抠而失去感性，造成公式化和概念化。所以要引导学生不要追求表面形式或醉心于局部刻画，以免陷于被动机械地作画状态中，要有正确的态度和方法进行石膏像写生练习。

　　石膏像素描尤其要从整体观察入手，注重头颈胸座四大块体积的结构特征和动势神态。石膏像造型阶段要把握好以下要点：首先是重心的确立，找出贯穿头、颈、胸、座的中轴线是稳定石膏像的坐标；要以大的几何形体概括头颈胸座各部分，同时注意四大块形体的扭转关系和透视关系；进一步造型阶段要运用水平线、垂直线、斜线作为辅助线不断细化比较，使石膏像准确置于一个立体框架中。

　　石膏像素描无论运用结构、块面、还是光影等不同表现形式，都要力求形体的准确，明暗调子处理上的形色吻合，刻画塑造中的提炼取舍，应始终本着突出重点和研究造型规律为原则。

素描石膏像

素描石膏像

素描石膏像

素描石膏像

人物头像素描写生

人物头像素描写生训练是走向人物绘画创作的开始，这个课程在我们素描教学中是个重点。它也是艺术院校招生考试的重点科目。

素描人物头像着重三方面的训练，一是头像内部结构，如头骨、肌肉。二是头像外部特征，即"形"，如像貌、姿态。三是头像内在精神，即"神"，如表情、气质。

人物头像不同于石膏像，它是有生命的、是自然灵动的，素描人物头像的学习不应是对客观对象的翻版，而是对客观对象的艺术表现，要把人画"活"，要画出精神。

人物头像的表现手法及工具更为宽泛，在不同光线、不同环境、不同时间等条件下表现不同年龄、不同性别的对象都应该有不同处理手法，要尊重感受，敏锐观察，诚恳表达。

短期作业和中长期作业相结合的训练方式，可以有所侧重地练习抓形、抓神和深入研究造型的能力。

一幅好的肖像应具备：合理的构图意识、准确的形体结构、恰当的表现手法、较好的艺术表现力。

素描男老年像

素描女老年像

素描女青年像

素描女老年像

素描男中年像

素描男中年像

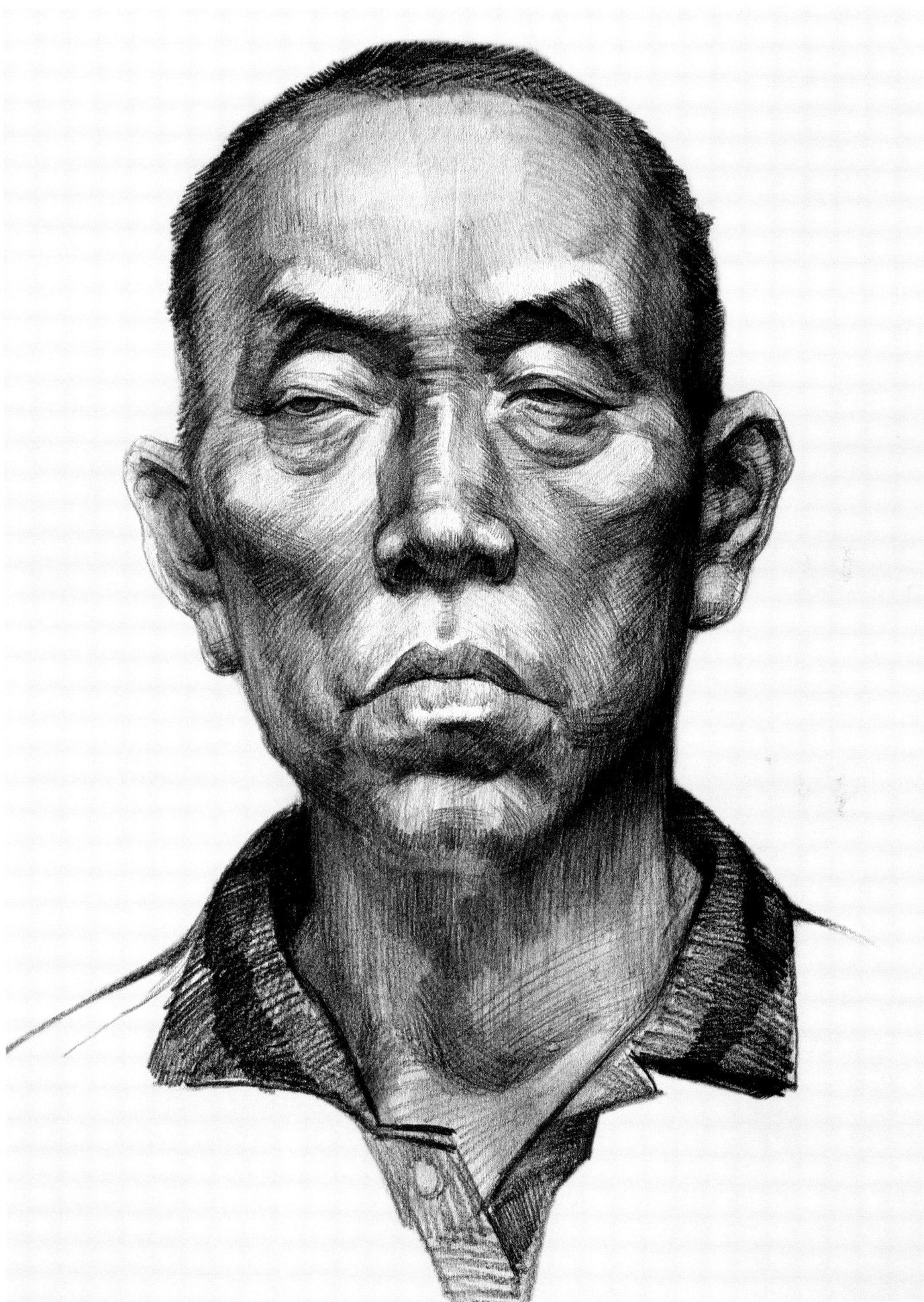

素描男老年像

素描女青年像

素描女老年像

素描女中年像

素描女中年像

素描男青年像

素描男青年像

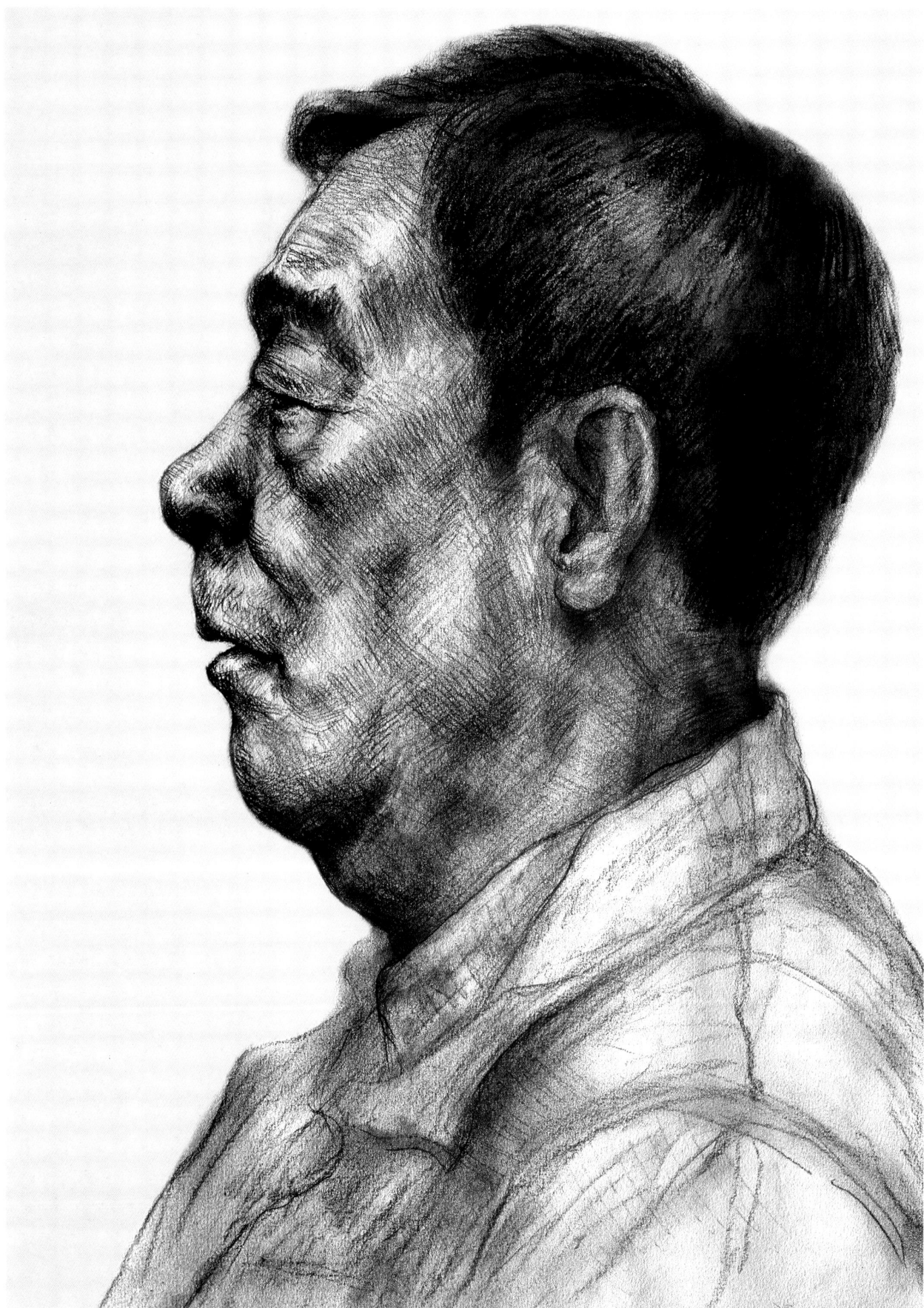

素描男老年像

素描男中年像

素描女老年像

05.12.17

素描男青年像

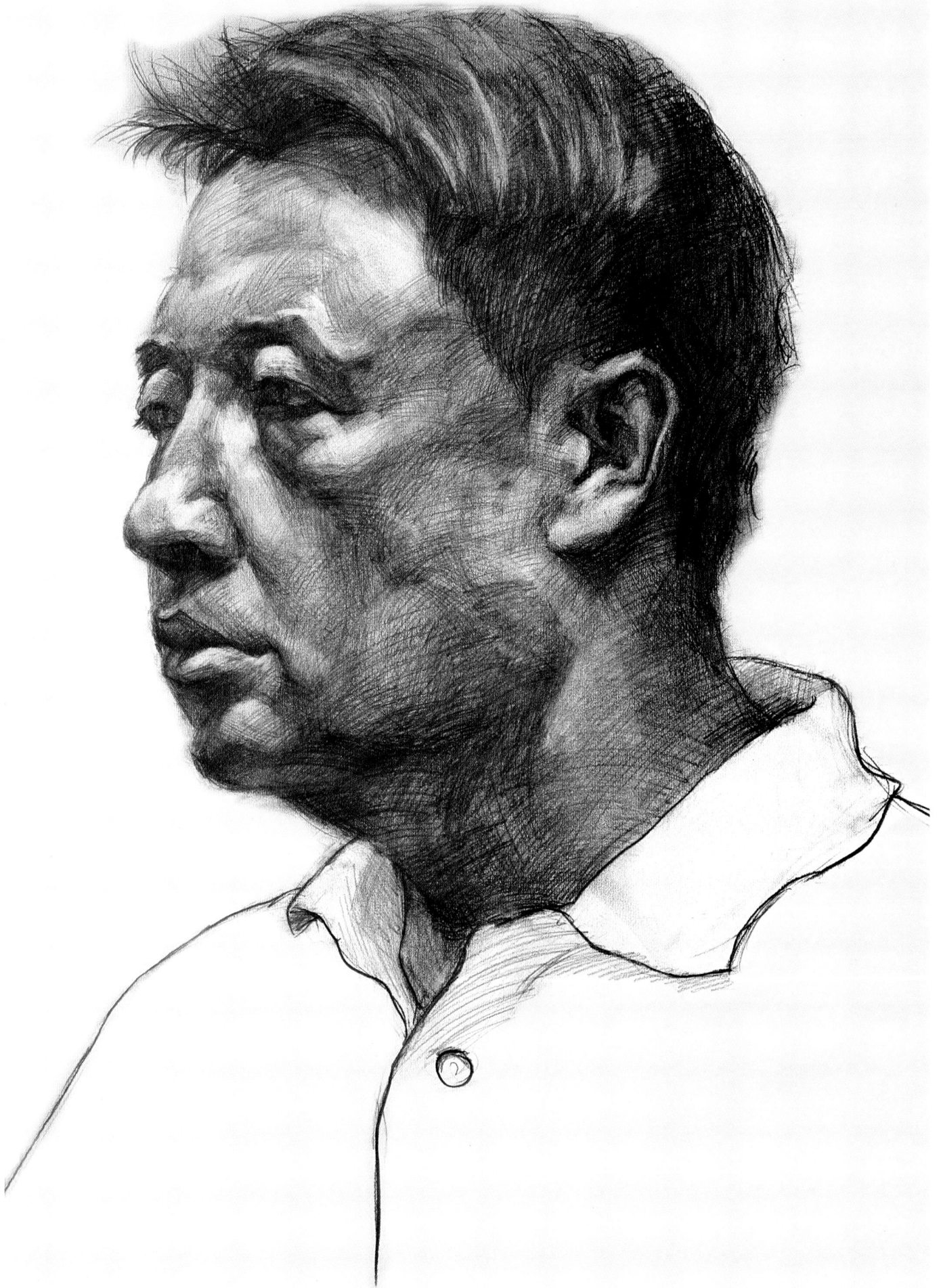

素描男中年像

12. 2

素描女老年像

素描女青年像

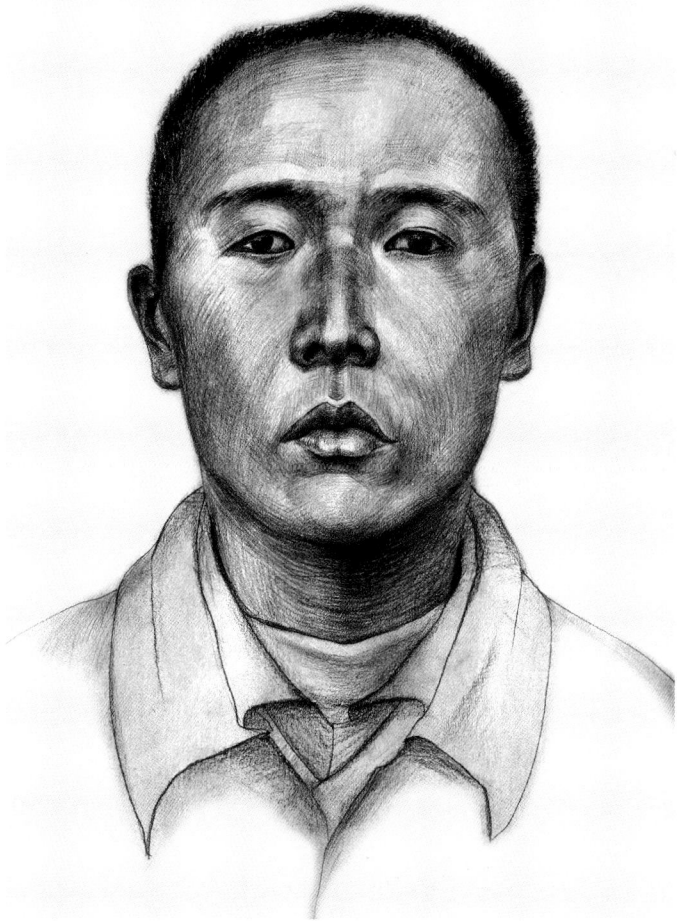

素描男青年像

素描女老年像

素描男中年像

素描男中年像

素描男青年像

素描男中年像

人物半身像素描写生

　　半身像素描练习是素描中难度较大的一个课题。它是以躯干为中心，把膝盖以上包括头、颈、胸、骨盆和上肢手臂等各造型因素作为一个整体的构成关系来处理。人的上半身各部位是一个有机整体，通过各个关节的扭动会呈现各种姿态、动势、比例、透视等的变化。半身像素描要求学生抓住关节部位的变化，发现这种运动协调性，进而描绘出形体的比例构成。

　　在半身像素描中，头与手的刻画很重要，脸部表情和手的动态应互相配合来刻画人物神态，但不能孤立和片面地描绘细节，而要服务于整体，与整个画面要求相适合。

　　着衣半身像要注重衣纹与内部结构的关系，否则就容易画成"衣服架子"。

　　在半身像素描绘画基础上，应该鼓励学生进行适当的全身像素描写生练习。

素描男半身像

素描女半身像

素描男半身像

素描女半身像

素描男半身像

素描男半身像

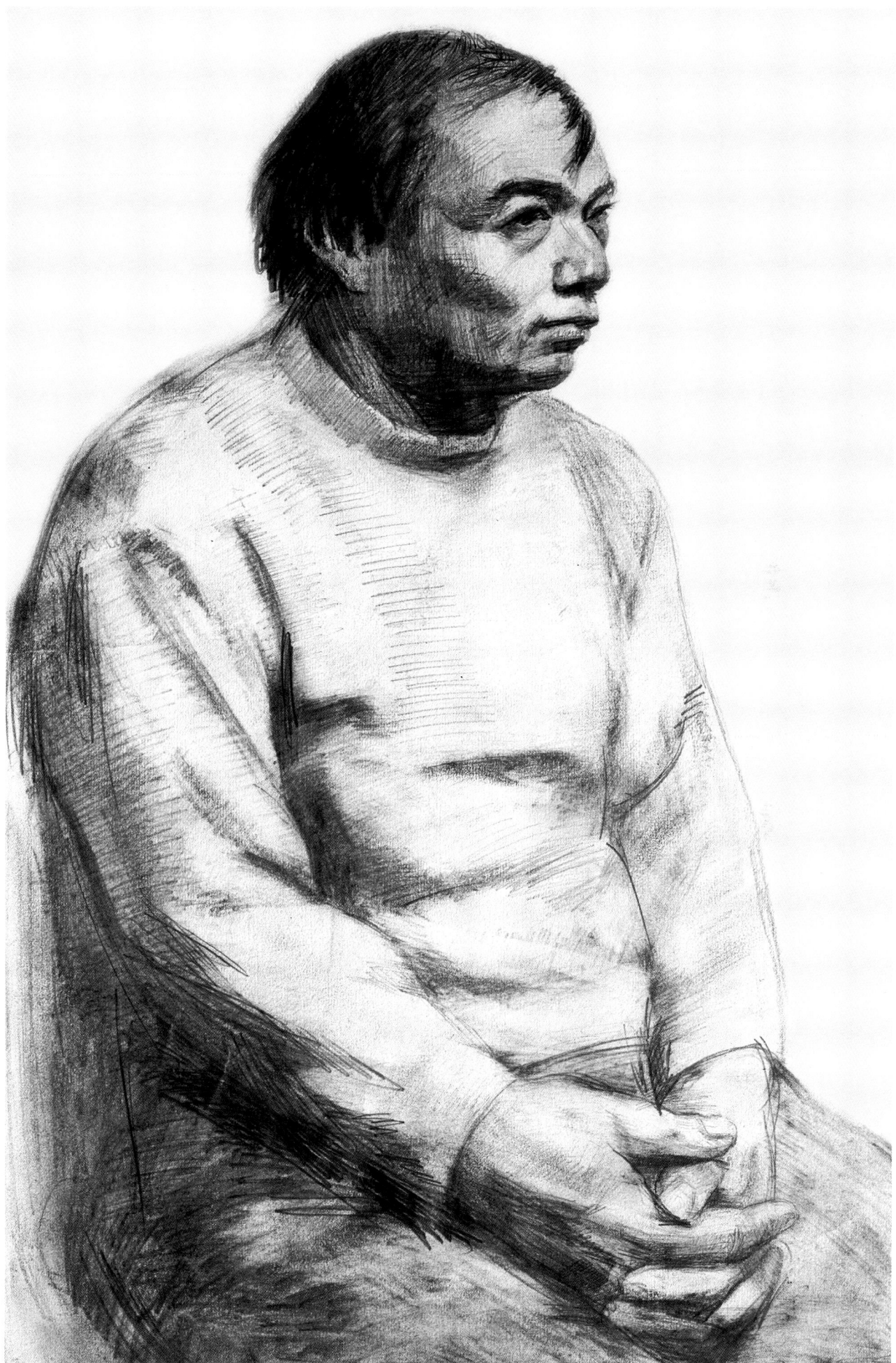

素描男半身像

素描男半身像

素描女半身像

素描男半身像

素描男半身像

07.
1.
29

素描男半身像

素描男半身像

素描女半身像

素描男半身像

色彩静物写生

  水粉静物写生是当今艺术院校美术专业色彩考试中最常见的一种绘画形式。

  水粉兼有水彩和油画的特性，可薄画可厚画，操作简便，利于修改。水粉性能也有其局限性，特别是干湿变化大，覆盖力也不及油画，调和太多颜料也易脏灰，初学者容易出现画面"生""火""粉""灰"等毛病，长期的训练才能把握水粉鲜亮、饱和、透气的优点。

  学生通常进行的水粉静物写生是在室内采用条件色表现形式，也就是一定光源（主要是天光）、物体、环境之间互相影响下的现实性色彩，具有客观真实的视觉感受。

  正确地观察和掌握客观物体的色彩规律是学习写生色彩的关键，色彩写生又不仅仅是对物象色彩关系的还原和客观再现，还要处理色彩的空间感、透视感，把握画面的整体感、节奏感，以及控制色调倾向等。

  水粉静物写生要注意步骤的层进深入，无论采用湿画法还是干画法，都要在较好的素描关系的基础上研究色彩造型的规律。

色彩静物

色彩花卉静物

色彩静物

色彩静物

色彩静物

06.12

色彩静物

色彩石膏像

色彩石膏像

色彩静物

色彩静物

色彩静物

色彩花卉静物

色彩静物

色彩静物

色彩静物

色彩静物

色彩静物

色彩静物

色彩静物

色彩室内一角

色彩室内一角

色彩室内一角

色彩室内一角

色彩人物写生

　　色彩人物写生是学习色彩绘画中难度较大的一个课题。

　　色彩人物写生既要表现形体又要表现色彩,需要兼顾素描关系和色彩关系,做到形、神、色的完美统一。人的面部色彩变化规律受特定人、特定条件影响,如民族、身份、性别、年龄等的不同面部色彩有差异;周围环境、光线不同面部色彩会产生变化。

　　人像写生要特别注意正确的步骤和刻画重点,好的构图能够增加画面品位,素描稿要力求造型准确,深入刻画要注重形象特征和精神面貌的描绘,整体画面要把握主、客观色彩的运用和色调的控制,要有主动提升肖像画格调的意识。

色彩半身像

色彩头像

色彩头像

色彩头像

色彩头像

色彩头像

色彩头像

色彩风景写生

　　色彩风景写生较之室内天光下的色彩静物写生更能使人体会光色的变化，能够锻炼学生感受自然、表达自然的能力。

　　风景写生首先要选景，选景一般基于人感受到的景物的形式上的美、色彩上的美、意境上的美，只有眼前的风景首先打动了自己，才能画出感动别人的风景。

　　取景也就是构图，构图要注意对客观景物有所取舍，概括，甚至移位，还要注意地平线的确立，目的是使画面更符合自己的立意。

　　刻画要注意近、中、远景的主次关系，近景简练概括，远景虚茫模糊，中景一般作为主体要丰富细致。风景写生不光要注意景物之间的主次、透视关系，还要把握画面中的"空气透视"和空间表现。

　　风景要注重色调、光线、意境、气氛等的渲染。

井

山脚

初春

桥

雪后

屋檐下

巷

碾子

拆

窗外风景

傍晚

秋

农家

野外

鹅卵石

河边风景三幅

山村之一

山村之二

山村之三

树荫之一

树荫之二

速写

人物速写

　　速写是培养迅速捕捉形象能力的重要手段，是生活与艺术的纽带，是绘画的基本功之一。

　　速写和素描都是锻炼造型能力的手段，素描较为深入地刻画形象，速写简练概括地表现物象的形、神、动态等特点。只有掌握了这两种造型语言，才能在艺术创作中得心应手。

　　人物速写包括头像速写、半身或全身速写、各种姿态的速写。

　　课堂上的人物速写一般采用静态速写和动态速写两种方式进行练习。静态速写可以从容观察对象的姿态、比例、结构，进行比较深入地研究、刻画，初学常常采用"慢写"入手，逐渐画快。动态速写要求学生要有形象记忆和当场默写的能力，抓住动态线，注意躯干和四肢的运动状态及相互关系，大胆取舍，快速简洁表达。

　　速写表现形式多样，包括以线为主的速写，线面结合的速写或用明暗表现的速写，其中线条是速写主要的造型语言。

　　另外，运用各种不同工具，不同纸张画速写能够收到较好的效果。

　　提高速写最有效的办法就是经常不断、持之以恒地练习。

速写人物

速写人物

速写人物四幅

速写人物二幅

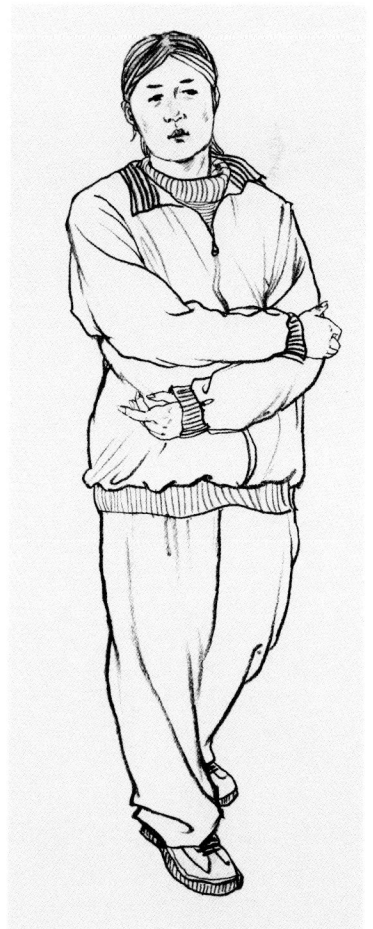

速写人物六幅

速写人物

速写人物 四幅

速写人物

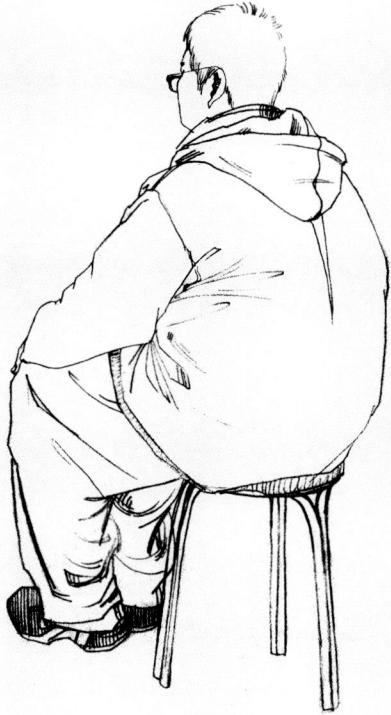

速写人物四幅

速写人物二幅

速写人物四幅

速写人物

速写人物二幅

速写人物四幅

速写头像六幅

速写头像七幅

人物场面速写

　　人物场面速写要求学生不仅能描绘个别对象，还能把对象周围的各种人物组合画在一起，培养抓主题性速写的能力。

　　人物场面速写要求主次分明，虚实得当，找准人物中心点，有机配合其余人和环境；由于场面中人物动静不一，所以要求学生要有一定的记忆默写和组织画面能力；合理运用透视，以达到构图完美和稳定。

　　近几年来，美术院校专业速写考试经常命题画"考场一角"，考察学生现场把握人物场面的速写能力。

速写画室一角

速写画室一角

速写画室一角

速写画室一角二幅

速写画室一角

速写街头人物

景物速写

景物速写常以家庭、校园、车站一角，城市、农村的建筑街景，自然风光及器物等为素材。

景物速写要注意构图取景，突出主题，合理移景，有所取舍；注重景物结构特征，把握景物透视规律；适当点缀人物，增加生活气息。

经常安排学生外出进行景物速写，"师法自然"，可以真正让艺术源于生活而高于生活。

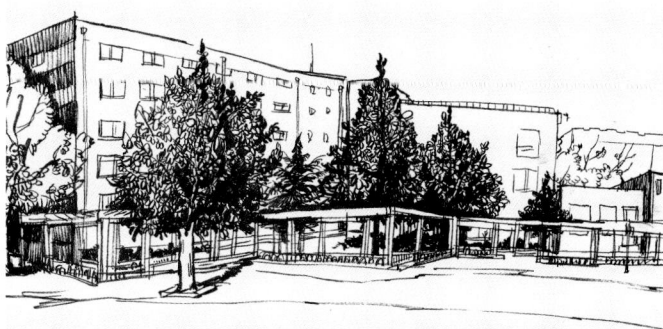

校园一角

室内花卉两幅

范奕白.07.7.

炊烟

丛中

民居

枯

冬日山村

店铺

村外

山涧

门前

山里人家

荒芜

院落

山村街道

老屋

驮运

工厂一角

LX 07.2.11.

牛

碾坊

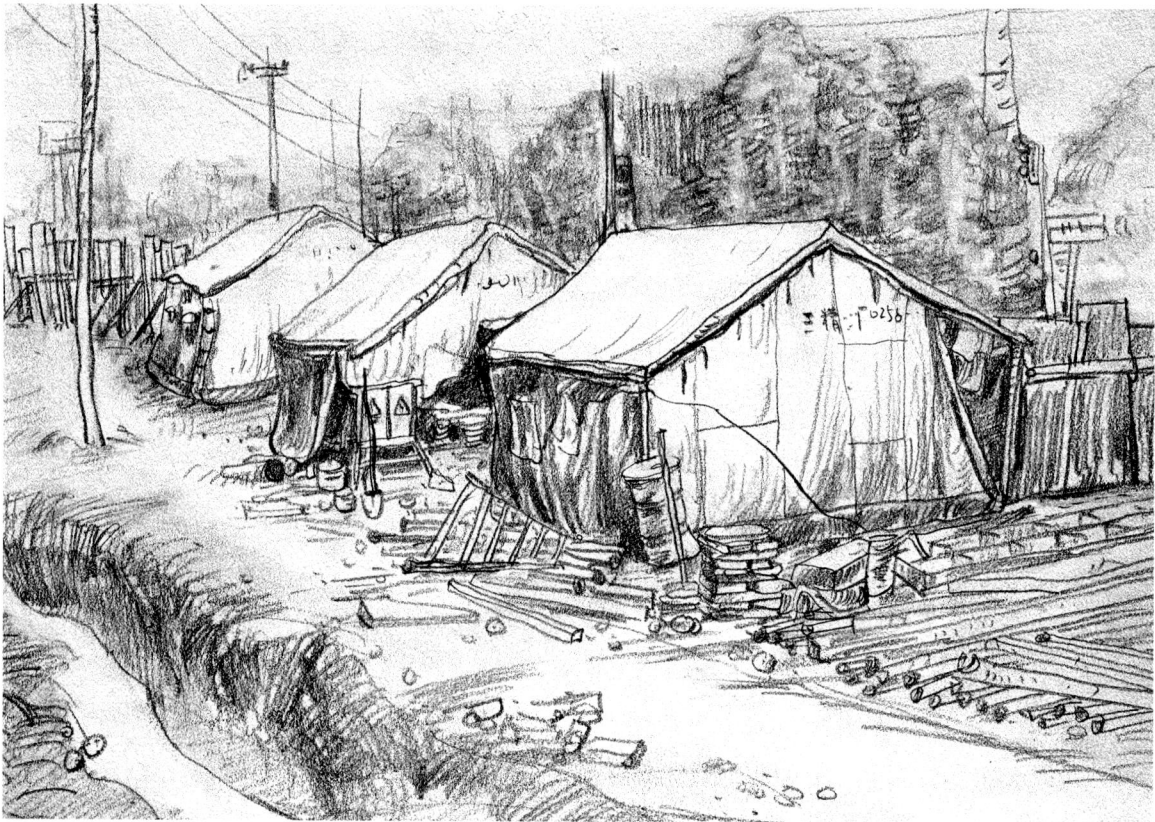

工地

创作

创作

  素描、色彩、速写等基础绘画的训练都是绘画的基本功，在这些绘画基础上的主题性创作不仅需要学生具有默写和想象的能力，更重要的是要有对生活的理解能力和创作的构思能力。总之，综合绘画能力和较强艺术素养是绘画创作的保证。

  创作要求主题突出、构思巧妙、造型准确、情节生动、构图完整。课上要尝试多种形式、多种表现手法的创作练习。素描"草稿"形式呈现的创作作品在黑白灰语言的运用上应体现较好的艺术感受，以各种色彩形式完成的创作作品要求画面色彩协调、色彩修养高。

  创作注重画面形式感和完整性，要有内容、有精神性，一幅成功的作品，往往是大量的素材积累和反复推敲的结晶。创作是不断探索绘画语言的过程，是勤奋观察生活的过程，是智慧闪烁、激情迸发的过程，是张扬审美情趣的过程。

街上的人们之一

街上的人们之二

公园一角之一

买票

街头摊位之一

街头摊位之二

街头摊位之三

街头摊位之四

厨房一角之一

厨房一角之二

厨房一角之三

厨房一角之四

下棋

午餐

公园一角之二

公园一角之三

街上的人们之三

闲

设计

基础图案

　　基础图案的训练主要是围绕写生、变化、构成三个环节的艺术实践来进行。在我们美术设计的教学中图案作为设计基础课程从未忽视。

　　写生目的是让学生到自然中真实描绘形象，搜集资料和素材；变化是依据形式美的法则，把动物、植物、风景、人物等自然物象经过主观理念的简化、夸张上升为图案艺术形象；构成是将变化后的形象组织成有规律、有秩序的图案组织构成形式，也就是单独纹样的自由纹样和适合纹样，连续纹样的二方连续纹样和四方连续纹样。

　　图案的练习首先是黑白灰图案构成美感的明度练习，然后进行装饰性色彩在图案中的应用练习，特别是装饰色彩的同类色、类似色、对比色的色彩搭配规律是学生应该重点掌握的技能。

适合纹样

137

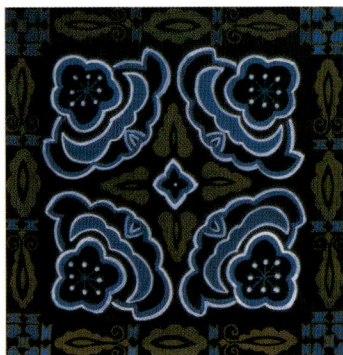

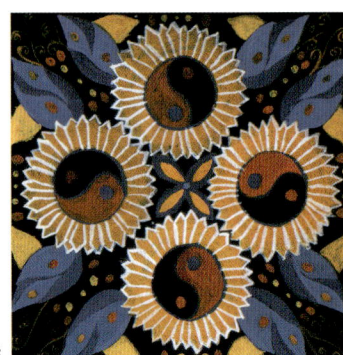

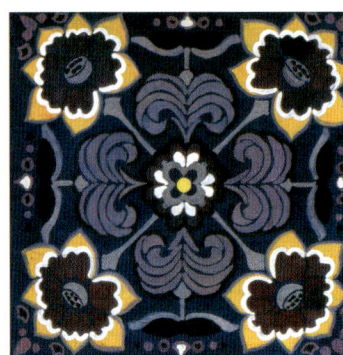

适合纹样

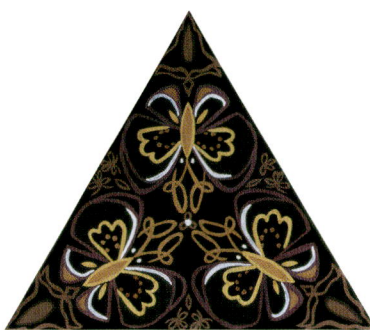

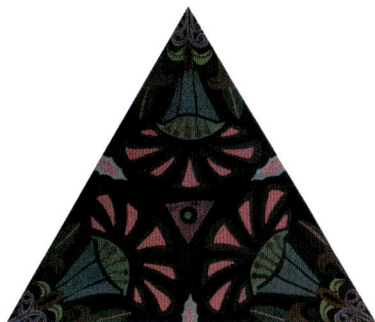

适合纹样

适合纹样

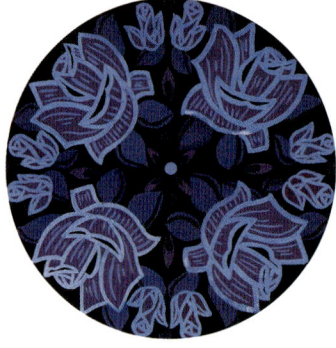

适合纹样

适合纹样

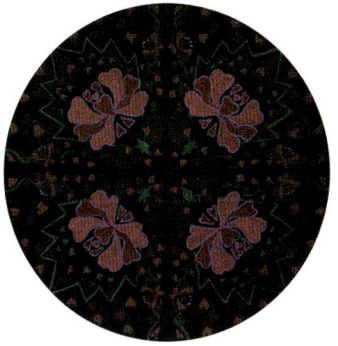

适合纹样

适合纹样

适合纹样

适合纹样

二方连续纹样

二方连续纹样

144

装饰画

　　装饰画强调装饰性艺术表现形式，兼有绘画与工艺美术特征。

　　装饰画在构图、造型处理及色彩搭配方法上和规律上许多与图案相似，但是图案表现纹样的构成关系，强调均衡、秩序等的平面感受，装饰画是以画中形象为主体的，创作更多突出画面、突出形象。

　　装饰画具有自身特点，构图力求在平面上尽最大可能表现理想中最完善、最完整的形象；造型、构图、色彩、技法明显具有装饰性，采用"程式化"的方法确定风格和统一画面；不受材料、工具、手段的严格限制，具有材质美和工艺美。

　　目前高等艺术院校在专业招生考试中常采用"装饰画"为题材形式。我们在课上要求学生利用水粉、水彩、彩铅、油画棒等较熟悉的工具首先学会在纸上进行装饰画创作。

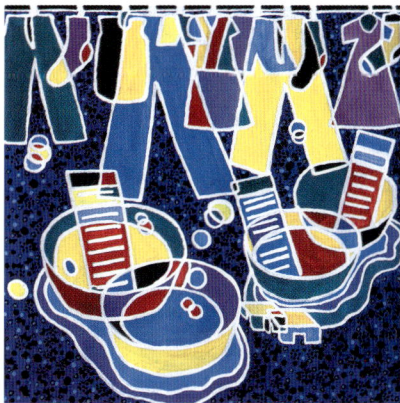

衣食住行之一

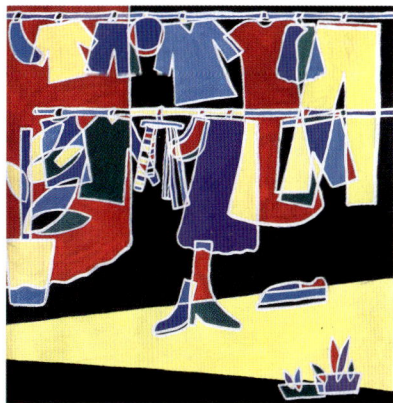

衣食住行之二

衣食住行之三

衣食住行之四

衣食住行之五

衣食住行之六

静物之一

静物之二

好运北京之一

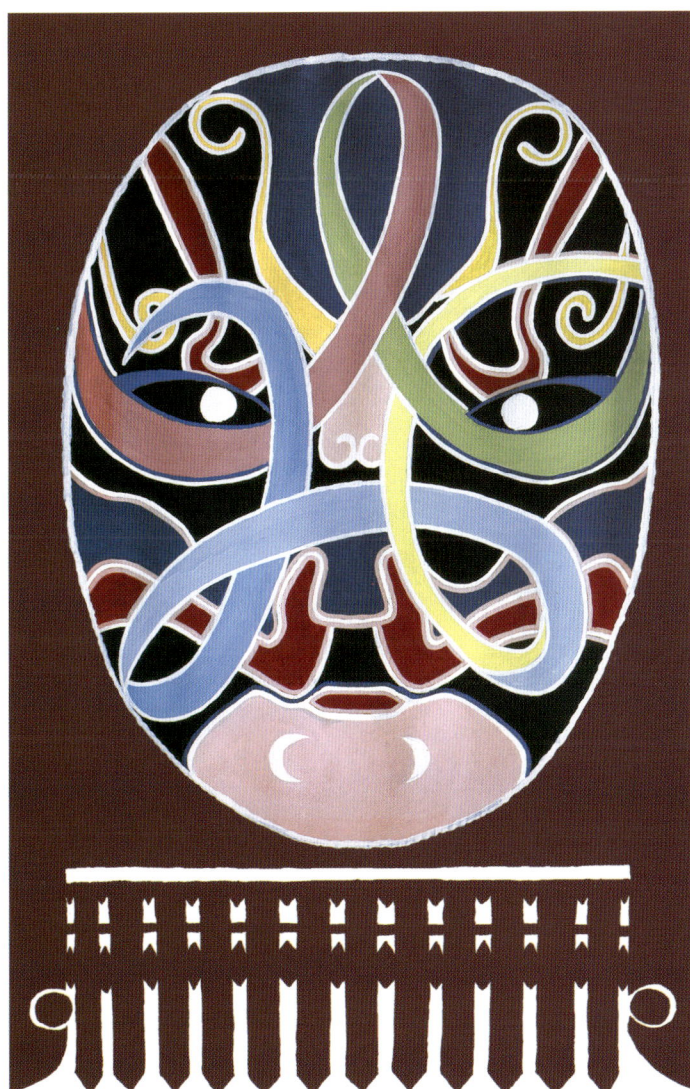

好运北京之二

自然之一

自然之二

平面设计

　　平面设计是在二维空间中利用图形、色彩、文字等视觉形象的语言表达某种意思和感觉，直观地传达信息。

　　图形化形象因其直接作用于人的视觉感受，比单纯的文字标语更能直观地表达语义和信息。而用图形思考问题、表达思想、阐述观点也是设计师应具备的基本专业素养。

　　我们的教学也正是围绕图形创意展开的，根据中学生所学知识、观察事物角度以及生活体验等，进行启发式教学可以有效地训练学生的创造、联想思维能力。

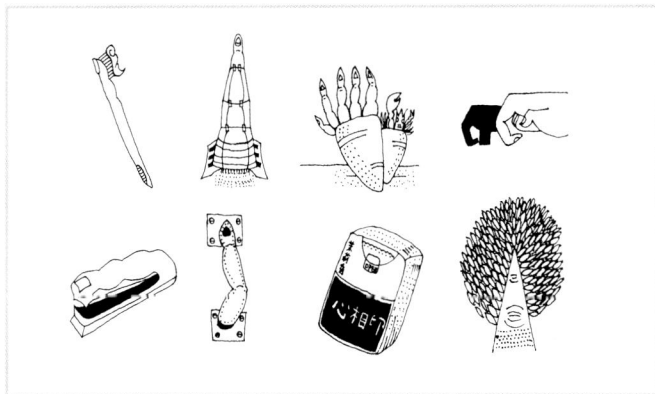

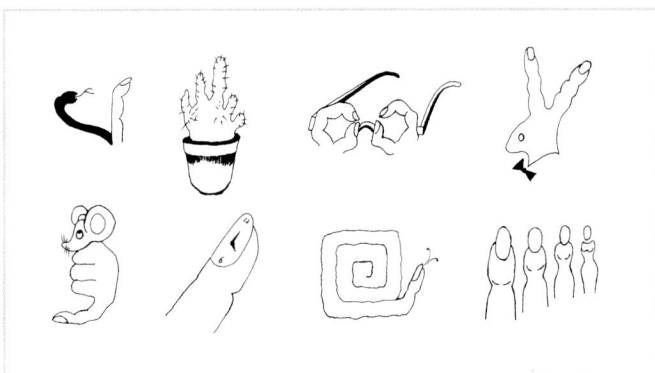

图形的联想练习

正负形的同构练习

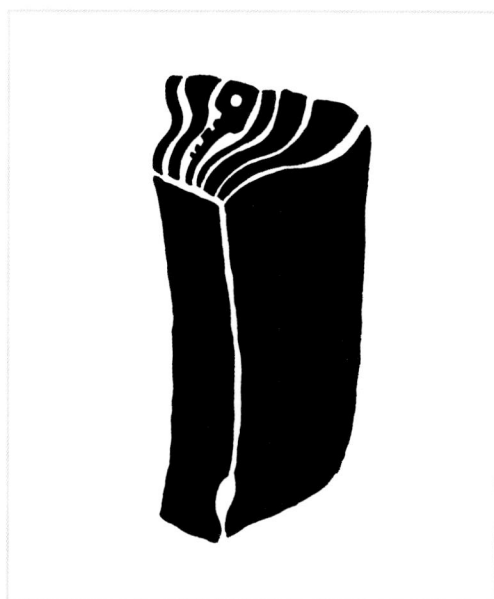

正形与正形的同构练习

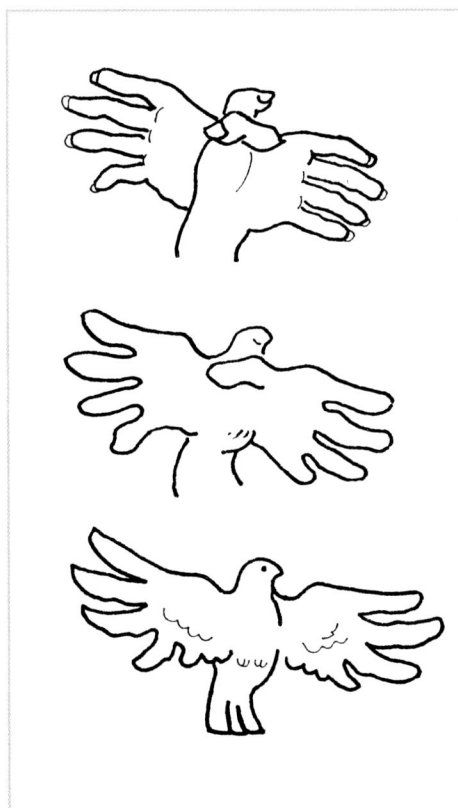

图形的渐变练习

155

图形的投影变异练习

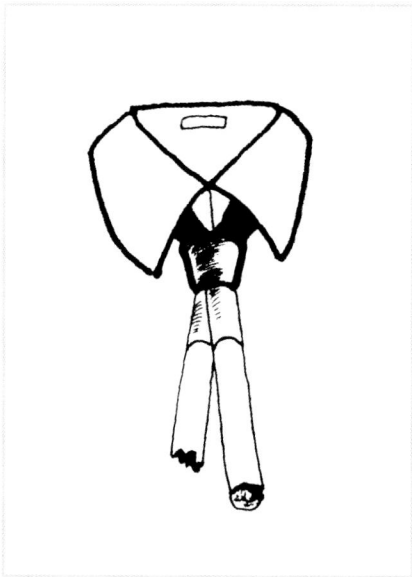

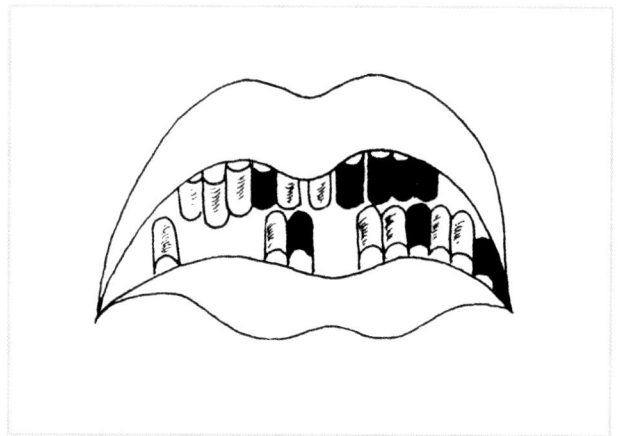

图形的局部替代练习

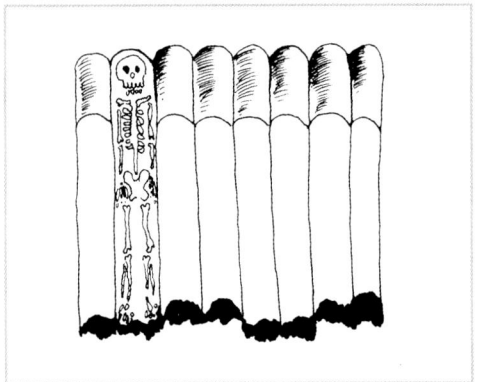

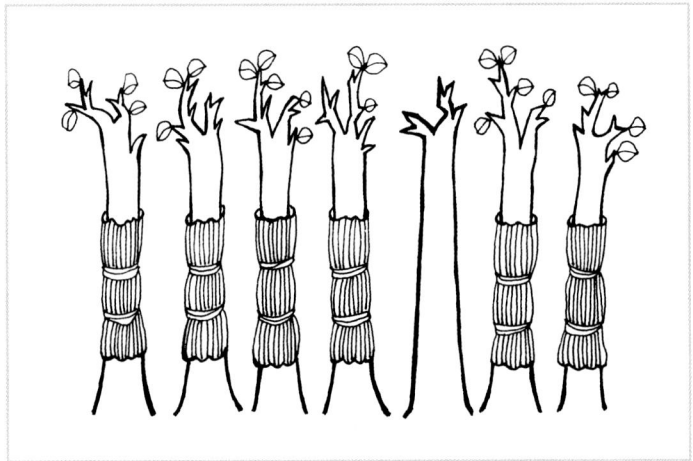

图形的局部替代练习

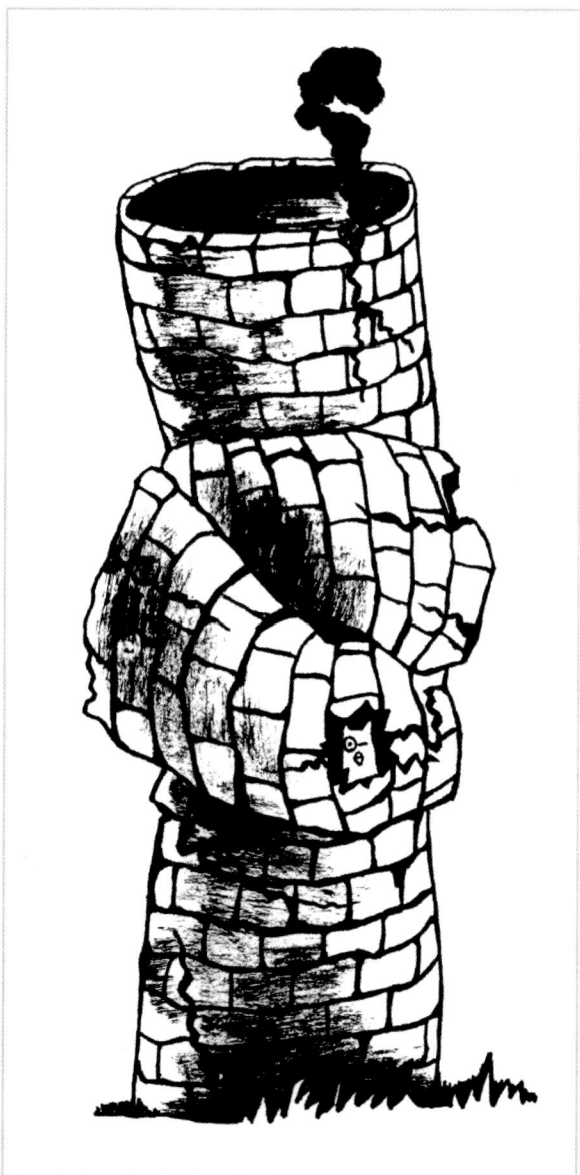

图形的弯转折曲练习

图形的弯转折曲练习

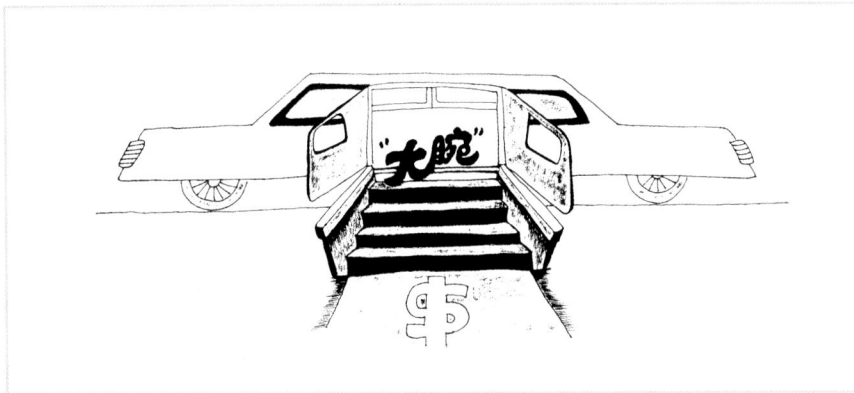

矛盾空间练习

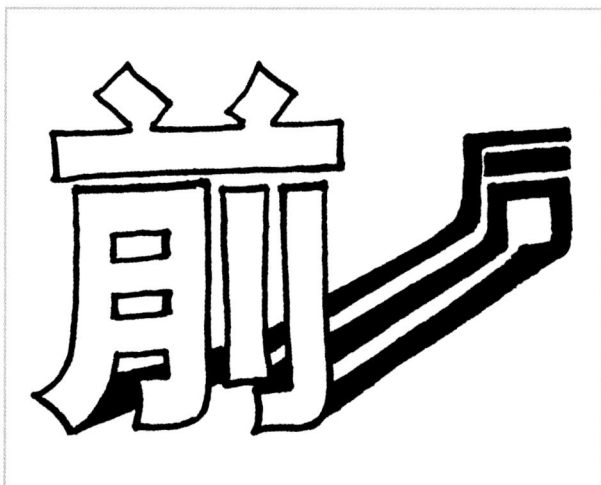

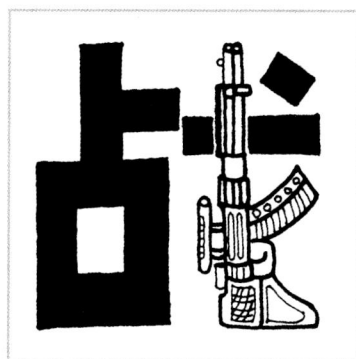

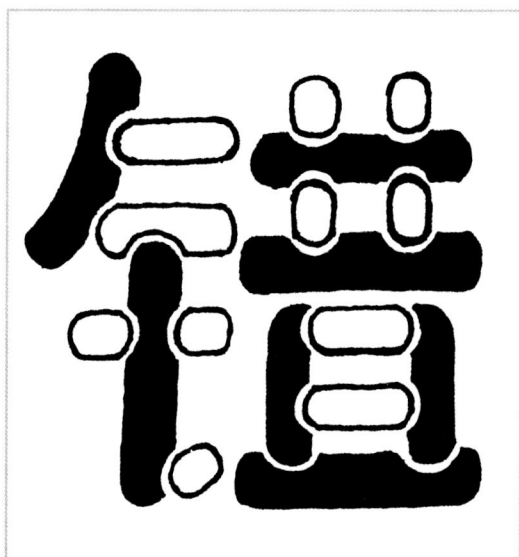

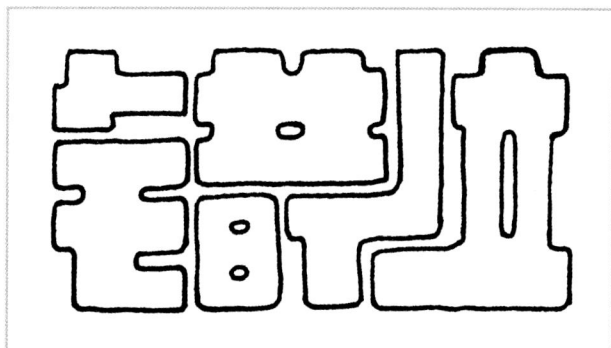

文字的装饰处理练习

WOMAN ➜ MAN

WCWC

yes
yes
yes
uno
no

友友安安
安安安
安全
安全
安全
安全

立体设计

　　立体设计是借助于三维形态的语言，表达实体与空间的造型关系。线、面、体等是立体造型的基本形态因素，它们按照一定的结合方法与构成形式进行分解组合，从而训练立体造型能力和创造新的形态。

　　立体设计的学习除了具备形象创作能力还应掌握以下知识：

　　初步的制图能力需要具备，特别是三视图（平面、立面、侧立面）的绘制和比例尺寸的正确标注。

　　效果图是直观表达设计形象和空间构思的有效手段，要学会用一点透视、多点透视、轴测图等单色或彩色画出效果图。

　　材质因其色彩、质感、光泽、重量等不同产生不同的肌理效果，能够增强立体感、丰富立体形态表情，应该学会材质的运用和表达。

　　把握好人体尺寸与活动空间的适当比例。

效果图

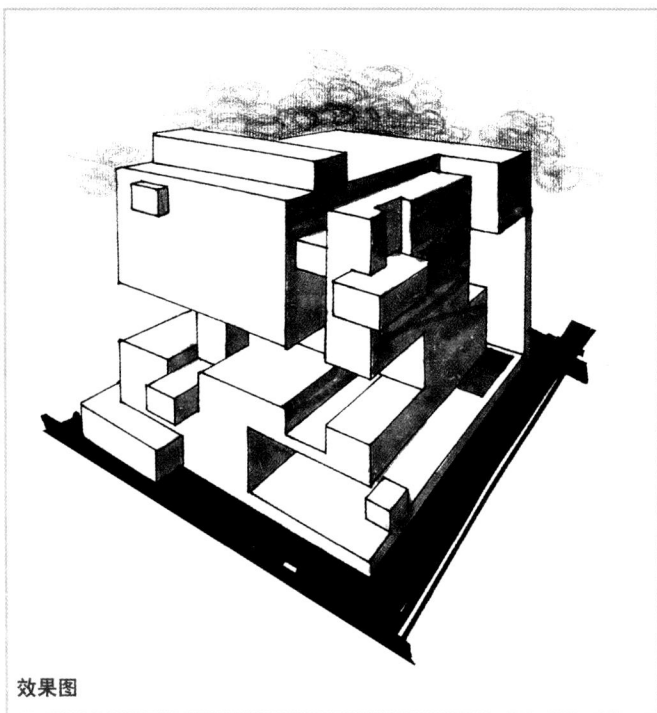
效果图

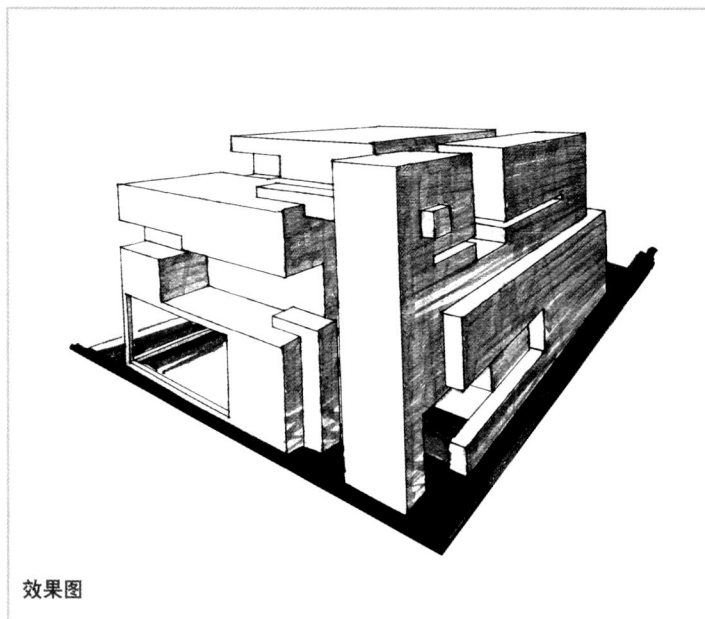
效果图

效果图

效果图

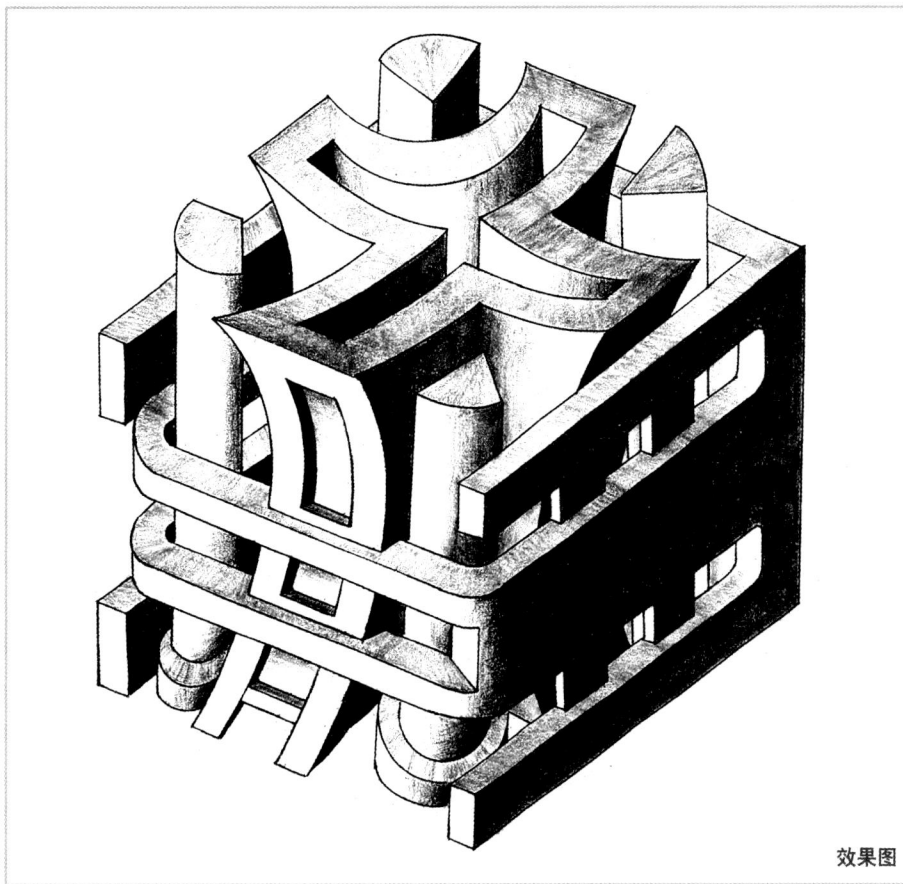

效果图

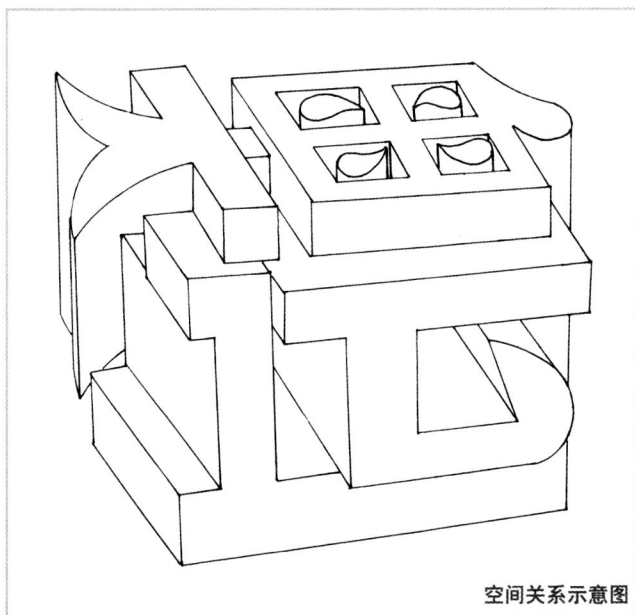

空间关系示意图

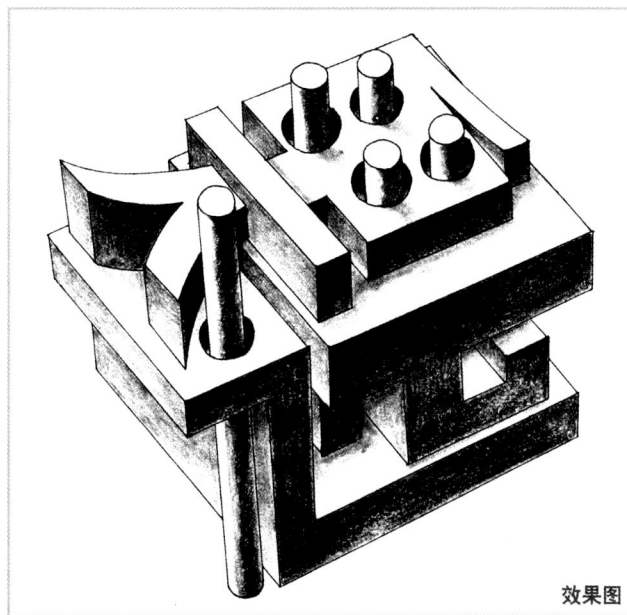

效果图

效果图

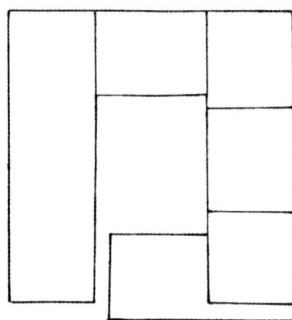

平面图

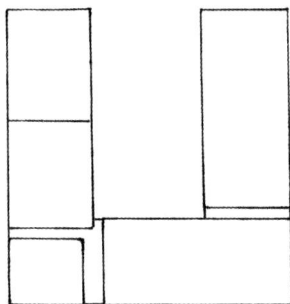

正立面图

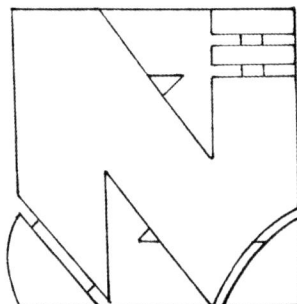

侧立面图

编后语

　　本书即将付梓之时，2007届美术实验班31名同学以百分之百的本科上线率再创佳绩。张晨、李天、郝睿、马婧楠、谭浩源、李杨子六名同学分别被中央美术学院、清华大学美术学院录取的消息更是令人振奋！十年下来，北京市京源学校美术特色教育又迈上了新的台阶，也激励着师生们共创美好的未来！

　　本书的出版得到了中国书店马建农先生、特级教师何大齐先生、北方工业大学孙静远先生的大力支持，京源学校艺术组的全体同仁及陈江萍老师也给予了很大帮助，在此一并感谢。另外，特别向为本书提供作品的对艺术孜孜以求的同学们致以深深的谢意！

编者

2007 年 8 月